ICS 03.180
CCS A 18

团 体 标 准

T/CARD 010—2021

语言障碍康复人员专业技能要求与评价

Professional competence requirements and evaluation
for speech and language pathologist

2021-05-10发布　　　　　　　　　　　　　　2021-05-10实施

中国残疾人康复协会　　发 布

T/CARD 010—2021

目　次

前言 ··· III

1 范围 ··· 1

2 规范性引用文件 ··· 1

3 术语和定义 ·· 1

4 职业技能等级 ··· 2

5 职业技能要求 ··· 2

  5.1 一般要求 ·· 2

  5.2 职业守则 ·· 3

  5.3 基础知识 ·· 3

  5.4 专业技能 ·· 4

  5.5 专业行为 ·· 5

  5.6 综合技能要求 ·· 5

6 职业技能评价的原则与要求 ·· 7

  6.1 评价原则 ·· 7

  6.2 评价要求 ·· 7

参考文献 ··· 11

表1 初级、中级、高级语言康复师相关知识要求 ··· 5

表2 初级、中级、高级语言康复师相关专业技能要求 ··· 6

表3 初级、中级、高级语言康复师专业知识的评价权重分布（%） ································ 9

表4 初级、中级、高级语言康复师专业技能的评价权重分布（%） ······························ 10

I

前 言

本文件按照 GB/T 1.1—2020《标准化工作导则 第 1 部分：标准化文件的结构和起草规则》的规定起草。

本文件由中国残疾人康复协会提出并归口。

本文件起草单位：中国残疾人康复协会语言障碍康复专业委员会。

本文件主要起草人：高立群、马莲、田鸿、姜孟、王树峰、谢欲晓、段海凤、马文、张玉梅、侯非、彭恒利、于增志、张淑丽、何晓伟、梁丹丹、姜志梅、王静敏、王华丽、于文、万国斌、陈健尔、席艳玲。

T/CARD 010—2021

语言障碍康复人员专业技能要求与评价

1 范围

本文件规定了语言障碍康复人员职业技能等级、职业技能要求与职业技能评价的原则与要求。

本文件适用于从事语言障碍康复服务人员职业素养、专业知识、能力与行为的培训与认定。

2 规范性引用文件

下列文件中的内容通过文中的规范性引用而构成本文件必不可少的条款。其中，注日期的引用文件，仅该日期对应的版本适用于本文件；不注日期的引用文件，其最新版本（包括所有的修改单）适用于本文件。

GB/T 33288—2016　语言培训服务教学人员评价
GB/T 34418—2017　语言培训服务基本术语
T/CARD 003—2020　脑性瘫痪儿童康复服务规范

3 术语和定义

GB/T 33288—2016、GB/T 34418—2017、T/CARD 003—2020 界定的以及下列术语和定义适用于本文件。

3.1
第一语言　first language
实际生活中思维和交际的首选或主要语言。

3.2
普通话　Standard Mandarin/Putonghua
现代标准汉语的另一个称呼。

注：以北京语音为标准音，以北方官话为基础方言，以典范的现代白话文著作为语法规范的中国法定标准通用语。

3.3
方言　dialect
语言的地方变体。

注：一种语言中跟标准语有区别的、只通行于一个地区的话。

3.4
语言障碍　language disorder
在口语或者书面语的理解或产生中出现的在形式、内容和功能上的缺陷、延迟或者不成熟。

3.5
康复　rehabilitation
帮助经历着或可能经历残疾的个体，在与环境相互作用中取得并维持最佳功能状态的一系列措施。

3.6

语言障碍康复服务 rehabilitation service in speech and language disorder

以提供第一语言能力康复服务为核心的一系列活动与过程。

3.7

患者 client

接受语言障碍康复服务的个人。

3.8

顾客 customer

语言障碍康复服务的购买者。

注：包括个人和组织。

3.9

语言障碍康复人员 speech and language pathologist

直接面向语言障碍患者，从事语言障碍筛查、评估、诊断、康复、治疗、教育、训练和咨询工作的人员。

3.10

评价对象 assessment participant

接受评价的专业人员。

3.11

评价者 assessor

对评价对象在评价活动中的表现进行评价的组织。

3.12

循证实践 evidence based practice

慎重、准确和明智地根据当前所能获得的最好研究证据及由管理者协调制定的临床实践指南、标准或证据数据库等，结合康复专业人员个人的专业技能和临床经验，在考虑患者的价值和愿望的基础上确定和实施的临床治疗。

4 职业技能等级

按照语言障碍康复人员的职业技能水平，由低到高将其分为三个等级：初级语言康复师、中级语言康复师、高级语言康复师。

5 职业技能要求

5.1 一般要求

语言障碍康复人员应符合下列要求：
a) 身体健康。
b) 有爱心、耐心和责任心，无种族文化偏见，有服务对象利益优先意识；有良好的沟通能力，口齿清晰，普通话标准。

c) 有终身学习的观念和较强的学习能力。
d) 有良好的心理素质、适应能力和团结合作精神。
e) 有严谨求实的科学态度和扎实的语言听力康复专业知识技能。
f) 有大学专科及以上文化程度。
g) 经过专业训练，具备专业能力，能及时更新理论知识和职业技能。

5.2 职业守则

语言障碍康复人员应符合下列要求：
a) 尊重他人，无偏见，不歧视他人。
b) 在患者或其父母、监护人充分知情同意下进行康复服务。
c) 保护患者姓名、治疗情况等所有隐私。
d) 避免使用虚假的言论来误导患者或其监护人以及公众。
e) 不发表超出个人身份和知识及能力范围的言论。
f) 不伪造、篡改、剽窃他人数据。
g) 遵守法律，支持社会政策，按照职业道德和伦理规范办事；将提升患者的福祉放在首位，改善服务质量、提高服务普及性，促进语言康复资源的公平分配，提高社区对语言听力障碍和相关疾病的科学认识。
h) 正确认识到个人的信仰、价值、需求和能力有局限性，并努力告诫自己，不因个人利益而影响工作。

5.3 基础知识

语言障碍康复人员应具有下列基础知识：
a) 言语机制的解剖学、神经解剖和生理学基础知识；
b) 声学、语音学和语言学及其相关生理学基础知识；
c) 儿童语言发展基础知识；
d) 儿童语言障碍基础知识；
e) 构音—音系发展和语音障碍基础知识；
f) 流畅性及其障碍基础知识；
g) 嗓音及共鸣障碍基础知识；
h) 神经源性沟通和吞咽障碍基础知识；
i) 多元地域文化群体的沟通障碍基础知识；
j) 听力学和听觉障碍基础知识；
k) 评估和治疗中的循证实践基础知识；
l) 临床研究设计和统计学基础知识；
m) 语言病理学基础知识；
n) 安全生产与劳动保护基础知识；
o) 相关法律、法规基础知识。

5.4 专业技能

5.4.1 处理成年人语言障碍的相关能力

应包括下列要素：

a) 能完成对获得性言语失用症临床症状的识别、筛查、评估、诊断和语言治疗；
b) 能完成对吞咽困难/障碍临床症状的识别、筛查、评估、诊断和治疗；
c) 能完成对成人听力障碍临床症状的识别和筛查；
d) 能完成对失语症临床症状的识别、筛查、评估、诊断和语言治疗；
e) 能完成对痴呆症临床症状的识别、筛查、评估、诊断和语言治疗；
f) 能完成对构音障碍临床症状的识别、筛查、评估、诊断和语音训练。

5.4.2 处理儿童相关障碍的能力

应包括下列要素：

a) 能完成对孤独症谱系障碍语言障碍症状的识别、筛查、评估、诊断和语言训练；
b) 能完成对儿童言语失用症临床症状的识别、筛查、评估、诊断和语言治疗；
c) 能完成对儿童言语流畅性障碍临床症状的识别、筛查、评估、诊断和言语矫治；
d) 能完成对唇腭裂造成的语音障碍临床症状的识别、筛查、评估和言语矫治；
e) 能完成对听力障碍儿童的语言障碍临床症状的识别、筛查、评估和语言训练；
f) 能完成对智力障碍儿童的语言障碍临床症状的识别、筛查、评估和语言训练；
g) 能完成对语言发育迟缓儿童的语言障碍临床症状的识别、筛查、评估和语言训练；
h) 能完成对婴幼儿听力障碍的筛查、评估和语言训练；
i) 能完成对儿童吞咽困难/障碍临床症状的识别、筛查、评估、诊断和治疗；
j) 能完成对儿童社交沟通障碍临床症状的识别、筛查、评估、诊断和语言沟通训练；
k) 能完成对儿童构音和音系障碍临床症状的识别、筛查、评估、诊断和语言训练。

5.4.3 处理其他相关障碍的能力

应包括下列要素：

a) 能完成对口语障碍临床症状的识别、筛查、评估、诊断和语言训练；
b) 能完成对书面语障碍临床症状的识别、筛查、评估、诊断和语言治疗；
c) 能完成对嗓音障碍临床症状的识别、筛查、评估、诊断和言语矫治。

5.4.4 康复治疗活动的组织能力

应包括下列要素：

a) 能准确理解康复治疗活动的目的和服务方案，合理制定康复训练计划、设定康复目标、设计康复治疗和训练任务；
b) 能使用普通话、方言，运用适当的策略、技巧，有效组织康复训练活动；
c) 能创设有利于人际沟通和语言康复学习的环境与氛围；
d) 能准确解答顾客和患者提出的问题。

5.4.5 研究与学习能力

应具有和保持语言障碍及语言康复的临床研究与继续学习能力，不断提升专业知识及临床技能。

5.5 专业行为

语言障碍康复人员应符合下列要求：
a) 注意到利用语言进行沟通的示范作用，能自己有意识地增加语言的使用频率；
b) 能选择和运用符合循证原则的科学合理的治疗训练方法和技巧；
c) 能设计实施与患者当前语言和沟通能力相适应的康复活动和训练内容；
d) 能做好临床档案的记录、管理工作，并合理地利用它；
e) 能为语言障碍患者的家长或照看者提供科普、培训、咨询和心理辅导服务，并提供如何配合康复治疗、巩固康复治疗效果的教育服务。

5.6 综合技能要求

对初级语言康复师、中级语言康复师、高级语言康复师的技能要求和相关知识要求依次递进，高级别涵盖低级别的要求。三级语言康复师应具备的相关知识和技能的综合要求分别见表1和表2。

表1 初级、中级、高级语言康复师相关知识要求

项目		技能等级		
		初级语言康复师	中级语言康复师	高级语言康复师
基本要求	职业守则	具备及讲解		
	安全生产与劳动保护知识	熟练掌握及讲解		
	相关法律、法规知识	熟练掌握及讲解		
相关专业知识要求	1. 言语机制的解剖学、神经解剖和生理学基础	掌握并说明	熟练掌握并解释	熟练掌握及讲解
	2. 声学、语音学和语言学及其相关生理学基础	掌握并说明	熟练掌握并解释	熟练掌握及讲解
	3. 儿童语言发展	掌握并说明	熟练掌握并解释	熟练掌握及讲解
	4. 儿童语言障碍	掌握并说明	熟练掌握并解释	熟练掌握及讲解
	5. 构音—音系发展和语音障碍	掌握并说明	熟练掌握并解释	熟练掌握及讲解
	6. 流畅性及其障碍	掌握并说明	熟练掌握并解释	熟练掌握及讲解
	7. 嗓音及共鸣障碍	不要求	熟练掌握并解释	熟练掌握及讲解
	8. 神经源性沟通和吞咽障碍	掌握并说明	熟练掌握并解释	熟练掌握及讲解
	9. 多元地域文化群体的沟通障碍	了解并说明	掌握并解释	熟练掌握及讲解
	10. 听力学和听觉障碍	掌握并说明	熟练掌握并解释	熟练掌握及讲解
	11. 评估和治疗：循证实践的原理	了解并说明	掌握并解释	熟练掌握及讲解
	12. 临床研究设计和统计学	初步运用	熟练运用并解释	熟练运用及讲解
	13. 语言病理学	了解并说明	掌握并解释	熟练掌握及讲解
注1：表中"说明"意指能对非专业人员进行简要通俗的阐述和宣讲。				
注2：表中"解释"意指能对专业人员进行一般性的原理介绍和专业阐述。				
注3：表中"讲解"意指能对专业人员进行理论结合实践的专业性教学。				

表 2 初级、中级、高级语言康复师相关专业技能要求

项目		技能等级		
		初级语言康复师	中级语言康复师	高级语言康复师
处理成年人语言障碍的相关能力	获得性言语失用症	具备及运用并说明	掌握及熟练运用并解释	熟练运用及讲解
	吞咽困难/障碍	不要求	掌握及运用并解释	熟练运用及讲解
	成人听力筛查	掌握及运用并说明	掌握及熟练运用并解释	熟练运用及讲解
	失语症	掌握及运用并说明	掌握及熟练运用并解释	熟练运用及讲解
	痴呆症	具备及运用并说明	掌握及熟练运用并解释	熟练运用及讲解
	构音障碍	掌握及运用并说明	掌握及熟练运用并解释	熟练运用及讲解
	成人助听器	了解并说明	掌握及运用并解释	熟练运用及讲解
处理儿童相关障碍的能力	孤独症谱系障碍	具备及运用并说明	掌握及熟练运用并解释	熟练运用及讲解
	儿童言语失用症	具备及运用并说明	掌握及熟练运用并解释	熟练运用及讲解
	儿童言语流畅性障碍	掌握及运用并说明	掌握及熟练运用并解释	熟练运用及讲解
	唇腭裂	掌握及运用并说明	掌握及熟练运用并解释	熟练运用及讲解
	儿童人工耳蜗植入及助听器	了解并说明	掌握并解释	熟练掌握
	听力损伤—幼儿后期	掌握及运用并说明	掌握及熟练运用并解释	熟练运用及讲解
	智力障碍	掌握及运用并说明	掌握及熟练运用并解释	熟练运用及讲解
	语言发育迟缓	掌握及运用并说明	掌握及熟练运用并解释	熟练运用及讲解
	新生儿的听力筛查	掌握及运用并说明	掌握及熟练运用并解释	熟练运用及讲解
	儿童永久性听力损失	掌握及运用并说明	掌握及熟练运用并解释	熟练运用及讲解
	小儿吞咽困难	不要求	掌握及运用并解释	熟练运用及讲解
	学龄期儿童社交沟通障碍	具备及运用并说明	掌握及熟练运用并解释	熟练运用及讲解
	语音障碍—构音和音系障碍	具备及运用并说明	掌握及熟练运用并解释	熟练运用及讲解
处理其他障碍的能力	口语障碍	具备及运用并说明	掌握及熟练运用并解释	熟练运用及讲解
	书面语障碍	不要求	掌握及运用并解释	熟练运用及讲解
	嗓音障碍	不要求	掌握及运用并解释	熟练运用及讲解

注1：表中"说明"意指能对非专业人员进行简要通俗的阐述和宣讲。
注2：表中"解释"意指能对专业人员进行一般性的原理介绍和专业阐述。
注3：表中"讲解"意指能对专业人员进行理论结合实践的专业性教学。

T/CARD 010—2021

6 职业技能评价的原则与要求

6.1 评价原则

6.1.1 公正性原则

评价者应独立、客观、公平地进行评价。评价结果不受实施难度、是否收费等因素影响。

6.1.2 规范性原则

评价者应制定科学的评价方案，评价行为应符合评价方案要求。本规范的各项规定具有普适性，不受地域、单位类别和规模限制。

6.1.3 可靠性原则

评价者应使用客观的量化评估方法获得客观的量化评估数据，评价结果应客观准确地反映评价的情况，具有高信度。例如，不因评价者的不同而导致对同一评价对象产生不同的评价结果。

6.1.4 有效性原则

评价结果应与评价目的、内容一致，具有高效度。

6.1.5 科学性与循证实践取向

在制定评价标准的过程中，应注重科学性和循证取向，摒弃违反科学规律、缺乏实证基础的内容。

6.2 评价要求

6.2.1 申报条件

6.2.1.1 具备下列条件之一者，可申报初级语言康复师：
   a) 相关专业（教育学类、心理学类、语言学类、医学类）大学专科及以上学历，累计从事本职业或相关职业工作3年（含）以上；
   b) 康复治疗技术专业、言语听觉康复技术专业大学专科及以上学历，累计从事本职业或相关职业工作1年（含）以上；
   c) 累计完成不少于20个语言障碍个案的筛查、评估或康复训练，累积临床工时超过200小时。

6.2.1.2 具备下列条件之一者，可申报中级语言康复师：
   a) 听力与言语康复学、教育康复学、言语听觉科学、语言病理学等专业大学本科及以上学历，连续从事本职业或相关职业工作2年（含）以上；
   b) 取得初级语言康复师职业资格证（技能等级证书）后，连续从事本职业或相关职业工作3年（含）以上；
   c) 取得初级证书后，累计完成不少于60个语言障碍个案的筛查、评估与康复训练，累积临床工时超过600小时。

6.2.1.3 具备下列条件者，可申报高级语言康复师：
   a) 取得中级语言康复师职业资格证（技能等级证书）后，连续从事本职业或相关职业工作5年（含）以上；
   b) 取得中级证书后，累计完成不少于200个语言障碍个案的筛查、评估与康复训练，累积临床工时超过1000小时。

6.2.2 评价方式

6.2.2.1 分为理论知识考试、工作能力考核及综合评审。

6.2.2.2 理论知识考试主要采用笔试、机考等方式，主要考核从业人员从事本职业应掌握的基础知识和基本技能。

6.2.2.3 工作能力考核主要采用现场操作、模拟操作等方式，主要考核从业人员从事本职业应具备的临床操作技能。

6.2.2.4 综合评审通常采取审阅申报材料、答辩等方式，主要针对高级语言康复师进行全面的评议和审查。

6.2.2.5 理论知识考试、工作能力考核及综合评审均为百分制，成绩皆达60分（含）以上为合格。

6.2.3 监考人员、考评人员与考生配比

应符合下列要求：
a) 理论知识考试：监考人员与考生配比不低于1∶15，且每个考场不少于2名监考人员；
b) 工作能力考核：考评人员与考生配比不低于1∶5，且考评人员为3人（含）以上，单数；
c) 综合评审：委员为3人（含）以上，单数。

6.2.4 评价时间

应符合下列要求：
a) 理论知识考试：时间不少于150分钟；
b) 工作能力考核：时间不少于40分钟；
c) 综合评审：时间不少于30分钟。

6.2.5 评价场所设备

理论知识考试在标准教室里进行，技能考核在配备必要设备、器械、材料和教具的专业操作室内进行。

6.2.6 评价要素

6.2.6.1 概述

评价要素包括基本情况、职业资格、专业知识和专业技能等。

6.2.6.2 基本情况

应包括下列要素：
a) 语言文明，行为文明；
b) 关注顾客和患者的需求，注意维护顾客和患者的合法权益，有责任心；
c) 庄重、大方，着装得体，便于开展康复服务活动；
d) 定期参加职业培训，如职业道德培训、专业知识培训、职业能力培训等；
e) 及时提示顾客和患者注意安全隐患，掌握安全应急处理预案、意外事故和危险情况下安全防护与救助的方法，并能有效实施；
f) 维护顾客和患者的正当权益，尊重顾客和患者的人格和自尊心，保护顾客和患者的隐私。

6.2.6.3 职业资格

应包括下列要素：
a) 普通话水平二级乙等（含）以上证书；
b) 相关专业大学专科及以上学历（相关专业指康复治疗技术、言语听力康复技术、听力与言语康复学、语言病理学、临床语言学和教育康复学等）；
c) 接受过语言障碍康复的临床训练。

6.2.6.4 专业知识和专业技能

本文件对初级、中级、高级语言康复师的专业知识和专业技能的评价权重进行了规范和要求。三级语言康复师专业知识和专业技能的评价权重分布分别见表3和表4。

表3 初级、中级、高级语言康复师专业知识的评价权重分布（%）

项目		技能等级		
		初级语言康复师	中级语言康复师	高级语言康复师
基本要求	职业守则	4	2	2
	安全生产与劳动保护知识	2	1	1
	相关法律、法规知识	2	1	1
相关专业知识要求	1. 言语机制的解剖学、神经解剖和生理学基础	10	8	6
	2. 声学、语音学和语言学及其相关生理学基础	8	8	6
	3. 儿童语言发展	10	10	10
	4. 儿童语言障碍	10	12	12
	5. 构音—音系发展和语音障碍	8	8	8
	6. 流畅性及其障碍	6	6	6
	7. 嗓音及共鸣障碍	—	6	6
	8. 神经源性沟通和吞咽障碍	8	10	12
	9. 多元地域文化群体的沟通障碍	4	2	2
	10. 听力学和听觉障碍	8	6	6
	11. 评估和康复：循证实践的原理	8	12	12
	12. 临床研究设计和统计学	4	2	4
	13. 语言病理学	8	6	6
合计		100	100	100

表 4 初级、中级、高级语言康复师专业技能的评价权重分布（%）

项目		技能等级		
		初级语言康复师	中级语言康复师	高级语言康复师
处理成年人语言障碍的相关能力	获得性言语失用症	3	5	6
	吞咽困难/障碍	—	5	6
	成人听力筛查	4	2	1
	失语症	5	5	6
	痴呆症	3	3	2
	构音障碍	5	5	5
	成人助听器	3	2	1
处理儿童相关障碍的能力	孤独症谱系障碍	6	6	8
	儿童言语失用症	6	6	7
	儿童言语流畅性障碍	5	3	2
	唇腭裂	5	4	3
	儿童人工耳蜗植入	5	3	2
	听力损伤—幼儿后期	5	3	2
	智力障碍	7	6	5
	语言发育迟缓	7	6	5
	新生儿的听力筛查	5	2	2
	儿童永久性听力损失	5	2	2
	小儿吞咽困难	—	6	8
	学龄期儿童社交沟通障碍	8	6	6
	语音障碍—构音和音系障碍	8	6	6
处理其他障碍的能力	口语障碍	5	4	3
	书面语言障碍	—	5	6
	嗓音障碍	—	5	6
合计		100	100	100

6.2.7 评价结果

6.2.7.1 评价者应根据评价分数及其他信息，分析得出真实、准确的评价结论并对其进行描述，必要时可在此基础上提出相关建议，形成评价结果。

6.2.7.2 评价者应对评价结果进行包括错误核查、误差分析、合理性验证等在内的质量稽核。

6.2.7.3 评价完成后，评价者应为评价对象或（和）相关方提供评价结果。

6.2.7.4 评价结果应主要以评价报告的形式呈现，根据需求，可包括职业道德、专业知识、能力水平鉴定及工作方案、操作过程和工作成果评定，以及基础数据、过程记录文件等。

6.2.7.5 评价结果通常应为书面形式。

T/CARD 010—2021

参 考 文 献

[1] GB/T 10112—1999　术语工作：原则与方法［S］.
[2] GB/T 33288—2016　语言培训服务教学人员评价［S］.
[3] GB/T 34418—2017　语言培训服务基本术语［S］.
[4] T/CARD 003—2020　脑性瘫痪儿童康复服务规范［S］.
[5] ISO 29991: 2014 specifies requirements for language learning services outside formal education［S］.
[6] 布斯曼. 语言学词典［M］. 陈慧瑛，编译. 北京：商务印书馆，2003.
[7] 中国残联. 残疾儿童康复救助"七彩梦行动计划"实施方案［EB/OL］.（2013-07-04）[2021-01-08]. http://www.gov.cn/fuwu/cjr/2013-07/04/content_2630753.htm.
[8] 中华人民共和国教育部. 中华人民共和国国家通用语言文字法［M］. 北京：法律出版社，2000.

图书在版编目（CIP）数据

语言障碍康复人员专业技能要求与评价 / 中国残疾人康复协会发布 . -- 北京：华夏出版社有限公司，2022.10

ISBN 978-7-5222-0417-8

Ⅰ．①语… Ⅱ．①中… Ⅲ．①语言障碍－康复教育－职业技能－评价 Ⅳ．① G762.2

中国版本图书馆 CIP 数据核字（2022）第 174101 号

语言障碍康复人员专业技能要求与评价

发　　布	中国残疾人康复协会
责任编辑	张　平　曾　华
出版发行	华夏出版社有限公司
经　　销	新华书店
印　　刷	三河市少明印务有限公司
装　　订	三河市少明印务有限公司
版　　次	2022 年 10 月北京第 1 版 2022 年 10 月北京第 1 次印刷
开　　本	880mm×1230mm　1/16
印　　张	1.25
字　　数	33 千字
定　　价	28.00 元

华夏出版社有限公司
北京市东城区东直门外香河园北里 4 号（100028）
网址：www.hxph.com.cn　　电话：（010）64618981
若发现本版图书有印装质量问题，请与我社营销中心联系调换。

定价：28.00 元